AF585787

INSTITUT DE FRANCE.

UNE EXPLORATION
EN NOUVELLE-CALÉDONIE

PAR

M. BOUQUET DE LA GRYE

MEMBRE DE L'ACADÉMIE DES SCIENCES

Lu dans la séance publique annuelle des cinq Académies du 24 octobre 1891.

PARIS

TYPOGRAPHIE DE FIRMIN-DIDOT ET Cie

IMPRIMEURS DE L'INSTITUT DE FRANCE, RUE JACOB, 56.

M DCCC XCI.

UNE EXPLORATION
EN NOUVELLE-CALÉDONIE

PAR

M. BOUQUET DE LA GRYE

MEMBRE DE L'ACADÉMIE DES SCIENCES

Lu dans la séance publique annuelle des cinq Académies
du 24 octobre 1891.

Messieurs,

En septembre 1856, j'avais obtenu, pour continuer l'hydrographie de la Nouvelle-Calédonie, une embarcation pontée à la place du canot dont je m'étais servi depuis dix-huit mois.

Le *Vandegu* (c'est ainsi qu'on l'avait baptisée en l'honneur du feu roi de l'île des Pins) ne ressemblait aucunement aux yachts que l'on voit les jours des régates ; il n'avait ni cuivres étincelants ni pont parqueté ; il différait aussi des bateaux de pêche normands, si solides à la mer et si rapides lorsque souffle un bon vent de nord-ouest.

D'une chaloupe de corvette destinée à lever une ancre ou à porter des légumes, de la « poste aux choux », pour employer l'expression des matelots, on avait fait une goélette; mais, si comme chaloupe, elle avait eu des qualités nautiques, une fois alourdie par un pont, il ne lui restait que la possibilité de servir de logement à une douzaine de personnes. Pourtant tel qu'était le *Vandegu*, et en l'absence de tout point de comparaison, je me trouvais heureux de le sentir sous mes pieds.

Lorsque l'on a longtemps dormi sur le sable des îlots calédoniens, évitant la grande terre, car nous étions en état de guerre avec les Kanaks; lorsque pendant des semaines on a reçu la pluie sur le dos sans autre abri qu'une méchante voile, il semblait doux aux matelots de retrouver un hamac, et je m'insinuais avec plaisir dans une couchette qui n'avait que bien juste la largeur de mon corps.

D'ailleurs avec le *Vandegu*, ses deux perriers lui donnant un air respectable, je pouvais mouiller partout, j'avais conquis une liberté, ce qui est toujours agréable, et cela m'autorisait à passer l'éponge sur des défauts qui, mis en lumière, eussent affligé la mémoire de son parrain.

Le premier essai du *Vandegu* avait été, il est vrai, peu satisfaisant : trois jours durant, nous avions louvoyé pour aller du sud au nord de l'île des Pins, mais mon pilote Mateti prétendait que si nous n'avancions pas, c'était absolument de ma faute. J'avais frappé avec ma canne, au moment de m'embarquer, la *pierre des vents* qui est sur la plage de l'île Goro, et cela malgré toutes ses objurgations. Le vent s'unissant à la mer s'était vengé.

Les matelots, gens superstitieux d'ordinaire, n'en

débaptisèrent pas moins le bateau, et une seule lettre changée en fit « le vent debout », ce qui expliquait pour eux la manière dont il avançait en louvoyant.

Quoi qu'il en fût de ces défauts, il était une exploration qui me hantait depuis longtemps, et qu'il eût été imprudent de faire sans l'assistance du *Vandegu*.

M. de Montravel avait trouvé et dessiné, au milieu de la côte est de la grande terre, la magnifique baie de Kanala; mais entre cette baie et l'entrée de la Havannah, où se terminait alors mon levé, on ne connaissait rien.

Il existait là un vide de 150 kilomètres de longueur laissé en blanc sur les cartes par Cook, La Pérouse et Dumont d'Urville, et que je brûlais de remplir.

Mon pilote m'assurait que j'y verrais des ports nouveaux, qu'un passage existait à terre du grand récif du large, et il me donnait des noms de baies et d'îlots que jamais blanc n'avait vus. N'était-ce pas attrayant de visiter ce qui avait échappé à de grands navigateurs?

Le vent alizé était favorable pour aller dans le nord-ouest, et, pour revenir, nous pouvions compter sur quelque heureux hasard; il s'en rencontre quelquefois en navigation.

Cette course devant être entièrement consacrée à l'hydrographie, pour faciliter le levé de la côte, je fis installer une planche tout au sommet du mât du misaine du *Vandegu*. Je devais m'y faire attacher assis, conservant la libre disposition de mes mains pour dessiner ou prendre des angles avec un cercle.

Ce diminutif de ce que les Anglais appellent un nid de pie, et qui consiste d'ordinaire en une demi-barrique dont ils coiffent un mât, permettait de voir de loin les points remarquables, de les suivre dans leurs mouvants aspects, et aussi de faire gouverner le bateau dans les sillons bleus qui dessinent admirablement les grands fonds entre les bancs de coraux.

Notre première nuit s'était passée dans le petit port de Kuebüni que j'avais dessiné antérieurement, et qui consiste en une simple coupure dans le récif côtier, formée par les eaux d'une petite rivière.

Celle-ci sort d'une étroite gorge et se jette dans la mer en glissant pendant une vingtaine de mètres sur des roches presque verticales et très polies.

Les Indiens se livrent ici pendant l'hivernage à un sport singulier qui consiste à se placer au milieu du courant, qui est alors très fort, et à glisser sur la pente la tête en avant avec la rapidité d'une flèche. Ils ressortent assez loin du point où ils ont disparu au milieu du bouillonnement de la chute.

Kuebüni était la limite du territoire où nous pouvions, à la rigueur, trouver des amis. Kate, le chef de Iate, s'y était réfugié, pourchassé par les Tuaurus qui dominaient dans tout l'intérieur de la partie sud de la grande île et, comme nous étions en guerre avec eux, Kate manifestait alors un grand amour pour les Français.

Plusieurs de ses sujets venant d'être mangés, il demandait à être catholique; bien plus, il m'offrait avec la moitié de sa couronne la gloire de conquérir cette côte est, que je ne connaissais pas.

Je pensai que le levé en serait plus vite fait de la mer; une moitié d'une couronne noire était d'ailleurs moins solide encore que les planches du *Vandegu*, et je laissai Kate dolent, mais bourré de paquets de tabac et de bons conseils.

En sortant de Kuebüni, comme le vent était à l'est-nord-est, nous fûmes obligés de faire une bordée qui nous rapprocha de l'entrée de la Havannah.

Le courant de jusant qui sortait alors de la grande passe faisait dessiner à la surface de la mer les lignes circulaires concentriques, qui sont la caractéristique des grands fonds inégaux, et je pensais, en voyant cette placidité des eaux, à l'aspect qu'offrait ce même endroit quelque temps auparavant, avec une brise aussi faible, un ciel aussi bleu.

Je voulais, ce jour-là, faire en canot le tour des récifs de l'île Kie et revenir à mon campement de l'île Uen, par la passe de la Sarcelle.

Le temps était si beau, que je me trouvais bien favorisé d'avoir à la fois une petite brise de l'arrière et du courant pour me mener rapidement à l'endroit où devait commencer le travail.

Seulement, en voyant, comme le disent les marins, « passer les unes par les autres » les îles avec une grande rapidité, je m'étonnais de cette vitesse n'ayant rien vu de pareil en Calédonie.

Bientôt, à deux milles devant nous, parut quelque chose de blanc, élevé de plusieurs mètres et qui barrait toute la grande passe.

Ce ne pouvaient être des récifs, la profondeur de l'eau étant de plus de 40 mètres.

L'Indien qui nous servait de pilote n'eut qu'à jeter un coup d'œil sur cette muraille que le soleil rendait étincelante pour indiquer, autant par ses gestes que par ses cris, ce qu'elle avait de menaçant pour nous.

En une seconde le canot fut démâté, les hommes sautèrent sur leurs avirons, et jamais, dans une régate, je ne vis muscles si bien saillir, bras déployer une vigueur pareille.

Il s'agissait de gagner l'abri de l'île la plus proche ; et comme le mur d'écume s'avançait en triangle au milieu de la passe, le canot volant littéralement sous les efforts des rameurs, nous le rangeâmes à quelques mètres de distance pendant près de cinq minutes.

Ce laps de temps suffisait amplement pour permettre de le bien voir.

Cette espèce de mascaret, lorsqu'il se produit, résulte du choc de puissantes masses d'eau ; le jusant, d'une part, sortant de la passe de la Havannah, de l'autre les lames venant de l'est, contre lesquelles le premier vient butter. Comme la brise avait été très fraîche les jours précédents, les lames s'avançaient avec une grande rapidité, et le jusant les arrêtait en un même point, les faisant tourbillonner les unes après les autres, en s'engouffrant sous elles ; cela offrait en très grand l'aspect d'une écluse de moulin.

C'est pendant que poussent les ignames que ce phénomène arrive, mais il faut aussi que l'on ne voie pas la lune, et qu'il y ait eu la veille une grande brise du sud-est.

Nous étions, paraît-il, ce jour-là dans les meilleures conditions pour juger du phénomène, à ce qu'assura ensuite notre pilote qui resta affaissé tout le reste du jour. Lorsque les pirogues des indigènes sont prises dans ce mascaret, ce qui arrive quelquefois, jamais plus on n'entend parler ni d'elles ni de ceux qui les montent.

Dans ces circonstances, les navires courent même des dangers; le grand mât d'une goélette de 200 tonneaux fut pendant mon séjour tellement secoué au milieu de cet énorme clapotis qu'il sortit de son emplanture et tomba sur le pont.

Plus récemment, en 1875, le *Coëtlogon*, grand aviso de notre marine de guerre, reçut, à la rencontre de la muraille d'eau dont nous venons de parler, un tel choc que des hommes furent renversés sur le pont, et l'on crut un instant que le navire avait touché sur un récif; l'eau jaillissait jusqu'au-dessus de la tente de l'avant.

Le 15 septembre 1856, nous n'étions pas en syzygies, les ignames ne poussaient plus, la Havannah était à peine ridée par la brise, et une bordée tribord amures nous éloigna de cette passe, dont le nom m'a entraîné à rappeler un souvenir quelque peu émouvant.

C'est au moment où nous repassâmes de nouveau devant Kuebüni que commença le travail de levé.

Du haut du perchoir où je m'étais fait hisser, je voyais beaucoup mieux et de beaucoup plus loin que sur le pont, et malgré le balancement du mât, je pouvais dans d'excellentes conditions dessiner le contour de la côte, prendre des séries d'angles sur tous les points qui lentement défilaient devant nous.

En bas, mon timonier écrivait ce que je dictais, ainsi que les profondeurs accusées par les sondeurs.

Les procédés employés en hydrographie, même lorsqu'on se borne à passer devant une côte, permettent d'en fixer les détails, de placer les sommets qui la dominent avec une exactitude singulière.

On ne fait naturellement pas ainsi un levé complet, mais on est étonné, lorsque plus tard on compare ce qui a été déterminé pour ainsi dire en courant avec les résultats d'une triangulation régulière, du peu de différence qui existe entre les positions des points principaux.

Notre première journée se termina à Iate, qui n'était connu que par le dire des Kanaks.

C'est un assez méchant port ouvert aux vents régnants, bordé de récifs des deux côtés, et qui n'avait de particulier que de servir d'issue à une rivière assez abondante. Le dessin en fut fait rapidement dans la soirée ; un aviso pouvait venir y mouiller. Au matin suivant, le travail commença de bonne heure. On voyait alors tout à fait au loin un cap pointu, que Mateti nous assura être une île : c'était un bon signal qui pouvait servir toute une journée. Nous ne manquâmes pas de le relever, et comme la mer se faisait belle en même temps qu'au large commençaient à se dessiner des brisants, il n'y avait pas de doute qu'à l'est de la grande terre existait la ceinture de récifs qui la borde dans l'ouest.

Nous devions, à notre retour, la déterminer et en fixer les coupures.

Pendant que nous défilions, Mateti dictait les noms des points dessinés : d'abord le port d'Unia formé par un récif, puis une rivière, la Purina, et ensuite les deux baies de Kuakue et de Uinne, orientées presque en sens contraire des deux côtés d'une presqu'île.

Dans l'intérieur se dressaient de hauts sommets à formes caractéristiques, auxquels il fallait donner de suite des noms pour éviter des confusions dans les angles, noms en dehors de la politique, si l'on voulait les voir conservés sur les cartes. Le plus élevé fut appelé Humboldt, en souvenir de l'amitié qui l'unissait à Arago. Notre grand astronome devait servir aussi de parrain à un sommet dominant le centre de l'île.

J'étais alors étonné de la facilité de notre navigation; on ne voyait devant nous depuis Iate aucun récif, la route était absolument saine et les profondeurs dépassaient 50 mètres.

La côte, couleur d'ocre, couverte de maigres broussailles, plongeait brusquement dans la mer sans offrir la bordure ordinaire cultivée par les Kanaks. Les gens de Tuauru devaient avoir leurs champs dans l'intérieur. On ne voyait aucune case, aucune plantation de cocotiers.

En approchant de Tupeti, cette île élevée et pointue que nous avions vue dès le matin, l'aspect des lieux changea; trois îlots émergeaient de la mer, l'eau prenait la teinte bleuâtre des petits fonds, un récif semblait former une jetée devant une échancrure de la côte où se dessinaient les méandres d'un petit ruisseau. Le lieu semblait favorable pour y passer la nuit. Un quart d'heure après le *Vandegu* était mouillé à Tara, et je me faisais déposer à terre avec Mateti, les hommes, par prudence, restant sur leurs avirons à une quarantaine de mètres de la côte.

Une case ouverte en forme de hangar était à quelques pas de la mer; nous y trouvâmes un Kanak assez décrépit ayant en guise de coiffure un chiffon rouge dans les cheveux : un petit gnome accroupi près de lui disparut à notre approche.

Le vieux n'avait jamais vu de blancs, et pour ma part je n'avais jamais trouvé devant moi un type d'Indien pareil. La figure était absolument bestiale, et il sortait de ce hangar, pourtant ouvert à tous les vents, une telle odeur de bête fauve, un tel relent de cage du Jardin des Plantes, que malgré soi on était amené à croire que son propriétaire était tout autre chose qu'un végétarien.

La conversation entre le vieux et Mateti, commencée à voix basse, comme il convenait devant un chef, s'était vite animée. Les interjections se croisèrent bientôt, et à chacune d'elles mon guide reculait d'un pas en me faisant signe d'en faire autant, puis tout d'un coup, sans dire un mot, me prenant à bras-le-corps, il me jeta à la mer du haut du tertre où nous étions arrivés.

J'affirme qu'en tombant à l'eau, avant de nager vers l'embarcation qui se dirigeait d'ailleurs sur nous, je pensai à Mentor, mais au lieu de Nymphes amoureuses, Mateti, tout en nageant à côté de moi, me montra une bande de diables teints en noir dégringolant de la montagne, et qui hurlèrent en ne nous trouvant plus. Le coup était manqué, mais le petit gnome avait bien fait sa commission.

La soirée se passa en pourparlers criés à distance; le héraut des Tuaurus se tenait debout sur une branche de pandanus qui débordait la côte et haranguait Mateti, qui, en sûreté à bord de la chaloupe, le prenait de haut avec tous les Tuaurus et leur défendait surtout de venir nous trouver soit avec leur pirogue, soit à la nage.

Une balle, mise sur son conseil dans un tronc de cocotier situé à bonne distance, leur prouva, après qu'une demi-douzaine de Kanaks eurent vérifié avec leur doigt la profondeur du trou creusé par la balle, que nous avions les moyens d'appuyer notre défense.

La nuit fut tranquille; les Tuaurus couchèrent dans les brousses autour de grands feux et parlèrent longtemps. On nous raconta plus tard qu'ils avaient résolu de nous attaquer et qu'ils avaient envoyé chercher des pirogues et du renfort. Je ne sais si le fait est vrai, mais il n'eut pas de suite; nous partîmes au petit jour pour continuer notre levé.

Les quarante-huit heures qui suivirent devaient nous dédommager des émotions de la soirée; nous longions une côte découpée pour le plaisir des yeux d'un marin; la mer intérieure, encadrée du côté du large par un ruban de récifs que la houle blanchissait, était aimable, et dans l'intérieur de la grande terre, des sommets ayant des formes de pitons, de tables, de dents, une vraie joie pour un hydrographe, permettaient d'asseoir la meilleure des triangulations.

L'air, d'ailleurs, semblait plus doux à mesure que nous avancions, des cocotiers bordaient toutes les plages; en quittant la côte où dominent les Tuaurus, en entrant dans la région dépendant du chef de Kanala, il semblait que nous faisions un pas dans la civilisation.

A vrai dire, il y a une grande différence entre le climat de la côte sud-ouest de la Nouvelle-Calédonie et celui de la côte est, au nord de Tupeti.

D'un côté, le vent alizé descend des montagnes qu'il couvre de brouillards; il est aigre, souffle par rafales; a l'est, il est doux et régulier; à l'ouest, les cocotiers semblent élever sans plaisir des palmes que le vent déchiquète en les froissant; de l'autre côté, ils poussent serré, la brise les berce et ils paraissent aimer à encadrer des cases, à entourer des plantations de bananiers ou des champs de patates.

Du reste, même différence entre les Kanaks : ceux du sud, les tribus des Manongoe et des Tuaurus doivent être considérées comme les premières établies en Nouvelle-Calédonie; l'homme est sauvage, cruel, perfide; sa langue est rude; sa peau, foncée. A l'est, on sent qu'il s'est fait un mélange avec les races polynésiennes; le nez est moins socratique, les lèvres moins épaisses. D'ailleurs, la langue et la grammaire diffèrent: les deux tribus ne se comprennent pas.

A Kanala régnait un vieil Indien qui parut avoir grand plaisir à nous voir; il était depuis six mois la providence de quelques Français établis dans la vallée. Avec l'aide de ses sujets, M. Pannetrat, le promoteur de cette petite colonie d'émigrants, avait transformé un monticule en un véritable parc percé d'allées circulaires. Il avait bâti une grande maison en torchis et remplacé des broussailles par un séjour en apparence fort agréable.

Malheureusement, lors de notre arrivée, son personnel était fort diminué; sept de ses compagnons l'avaient quitté, ennuyés d'être devenus jardiniers assez mal nourris, de mineurs californiens qu'ils étaient auparavant.

Ils étaient partis dans le nord à la recherche de pépites d'or.

Leur voyage ne fut pas long; une fois sortis du territoire de Kanala et engagés dans les montagnes, les Kanaks d'une autre tribu mirent un soir le feu dans la case où ils dormaient et les tuèrent à coups de hache, au moment où ils sortaient en rampant.

Nous n'allions pas à la recherche de mines d'or; nous couchions à bord du *Vandegu;* rien de semblable ne pouvait nous arriver.

Notre retour se passa sans aucune aventure, et nous n'allâmes pas revoir le vieux chef de Tara; mais nous rapportions des documents qui pouvaient permettre aux navires de longer la côte, au lieu de la fuir, et de trouver de bons ports, au lieu de louvoyer au large d'un grand récif, qui était redouté.

Telle était la Calédonie il y a trente-cinq ans; elle a bien changé depuis; je ne sais si, en y déportant des forçats, on l'a beaucoup élevée en civilisation et si on est arrivé à faire ce à quoi les Anglais ont renoncé absolument : d'un convict, un homme presque honnête; mais, à coup sûr, le pays est aujourd'hui moins curieux qu'il ne l'était lors de la prise de possession.

Ajoutons que les Kanaks, même ceux qui pour faire un bon repas tuaient un ennemi ou un serviteur, étaient si intelligents, si bons marins, si excellents agriculteurs, que l'on ne pouvait alors désirer pour la France d'autre rôle que celui d'un maître punissant les crimes, mais respectant les propriétés cultivées, apaisant les guerres incessantes de tribu à tribu et faisant régner la paix calédonienne.

Nous pensions alors que, par un mélange de fermeté et de douceur, on pouvait amener les Kanaks à vivre heureux à côté de nous.

Ce rôle a pu être rempli à l'île des Pins, pendant mon séjour, par des chefs indigènes ayant notre investiture et conseillés par les missionnaires Maristes qui avaient favorisé la prise de possession du pays.

Je trouvais alors qu'il était bon d'y vivre sous un ciel sans nuages, dans un printemps perpétuel, et surtout d'y dormir sans avoir, comme sur la grande terre, le pistolet au poing et des sentinelles toujours en alerte.

Paris. — Typ. Firmin-Didot et Cie, impr. de l'Institut, rue Jacob, 56. — 77965.

www.ingramcontent.com/pod-product-compliance
Lightning Source LLC
LaVergne TN
LVHW012016170826
845678LV00004BA/1514

* 9 7 8 2 3 2 9 6 3 5 4 8 4 *